स्त्री , सपने और मौसम

(कविताओं का एक अनूठा संग्रह)

पूजा गौरव पोरवाल

Made with ♥ on the Notion Press Platform
www.notionpress.com

यह काव्य-संग्रह सादर समर्पित है–

मेरे पूज्य पिता जी के श्रीचरणों में,

जिनका आशीर्वाद मेरी लेखनी का आधार बना। भले ही वक़्त के 'मौसम' बदल गए, पर आपकी यादें नहीं; मेरी हर कविता की रूह में आज भी आपका ही अक्स ज़िंदा है।मेरी माता जी के ममतामयी आँचल और उनके असीम धैर्य को समर्पित है।

मेरे हमसफ़र गौरव के अटूट विश्वास को,जिनके संबल ने मुझे खुद को शब्दों में ढालना सिखाया। जब-जब मैं थमी, आपके साथ ने मुझे रुकने नहीं दिया, और मेरे 'सपनों' को झुकने से पहले आपने हमेशा थाम लिया।

मेरी नन्ही बेटियों को,जो मेरे जीवन के हर पतझड़ को 'बसंत' बना देती हैं।

यह संकलन उन सभी के लिए है... जो जिम्मेदारियों की धूप में भी अपनी पहचान की लौ जलाए हुए हैं।

"मेरे सपनों की उड़ान को आपने एक आसमान दिया,

कोरे कागज़ के पन्नों को, कविताओं का नाम दिया।"

क्रम-सूची

मेरी बात... vii

यादों के झरोखे और बीता कल

1. बारिश और यादें 3
2. वह पल 4
3. बचपन, जवानी और तुम 5
4. गाँव की मिट्टी 7
5. पिता: खुशियों का खजाना 8

समर्पण और रूह का स्पर्श

6. ज़मानत 11
7. रूह की छुअन 12
8. मन की उलझन 13
9. मौन समर्पण 14
10. हक़, हमसफर और अहसास 16
11. एक मीठी धमकी 18

गृहस्थी के रंग और माँ का आँचल

12. सफ़र: दोस्त से माँ तक 21
13. उपहार 22
14. मेरी नन्ही बेटियाँ 23
15. शक हार के 25
16. मेरी रोज़ की 'सोम वारी' 26
17. पत्थर में मोम 28
18. मेरी सखी, मेरी बहन 29

क्रम-सूची

स्त्री का संघर्ष और अंतर्मन की खोज

19. अधूरी गृहस्थी का बोझ 33

20. वो अब बदल गया 35

21. एक खामोश संघर्ष 37

22. गलती 38

23. एक सच 39

24. दिखावे की रीत 41

25. थकी हुई आस 42

नई उड़ान और खुद की पहचान

26. बेबाक और बिंदास 47

27. स्वयं की पहचान 48

28. खुद से मुलाक़ात 49

29. चंचल नदियाँ 50

30. स्त्री 51

मेरी बात...

"स्त्री का अस्तित्व एक अनंत आकाश की तरह है, जिसमें भावनाओं के अनगिनत रंग सिमटे होते हैं। यह काव्य संग्रह 'स्त्री, सपने और मौसम' मेरे उन्हीं एहसासों का एक छोटा सा हिस्सा है।

इन कविताओं में मैंने स्त्री के मन की कोमलता, उसकी आँखों में पलते अनकहे सपने और यादों के बदलते मौसम को शब्दों में पिरोने की कोशिश की है। यहाँ आपको प्रेम, संघर्ष और घरेलू जीवन के उन पलों की झलक मिलेगी, जिन्हें हम अक्सर जीकर भी शब्दों में नहीं ढाल पाते।

उम्मीद है कि इन रचनाओं को पढ़ते हुए आप भी अपने मन के किसी कोने या किसी पुराने मौसम से जुड़ाव महसूस करेंगे। मेरी इस पहली साहित्यिक यात्रा में आपका स्वागत है।"

आपके प्यार और सहयोग की कामना के साथ,

पूजा गौरव पोरवाल

नागदा, मध्य प्रदेश

यादों के झरोखे

और

बीता कल

1. बारिश और यादें

बारिश का यह मौसम, पुरानी याद दिलाता है,
घर जाने का मन नहीं, पर फिर भी घर जाना सताता है।

तुम बिन अब रहा नहीं जाता है,
पर तुम संग कोई देख न ले, यह सोच दिल घबराता है।

हाथ मेरा तुम छोड़ते नहीं,
और नज़रों में मेरी देखने से, तुम्हारा दिल बैठा सा जाता है।

ये पल न जाने क्यों इतना तड़पाता है,
बस इसे सोच, दिल में बारिश का मौसम बन जाता है।

बारिश का यह मौसम, पुरानी याद दिलाता है।

2. वह पल

वह पल क्यों पीछे छूट गए?
इनको मैं आज भी याद कर-कर ना थक पाई हूँ।

छुप-छुप कर मिलना और रातों को तड़पना,
तुम्हारी खुशबू हाथों में बाँधे रखना।

बस तुम्हारी चुप्पी को सुनना,
शर्म भरी आँखों से तुम्हारी आँखों में देखना।

तुम्हारा जूठा खाने को अपना हक सा समझना,
बस दो दिन ना मिलूँ ,तो तुम्हें याद कर खुद को
कोसना।

वह पल क्यों पीछे छूट गए?
इनको मैं आज भी याद कर-कर ना थक पाई हूँ।

3. बचपन, जवानी और तुम

धीरे-धीरे बचपन बीता अपना,
अब जवानी सर पर आई है...
फेसबुक और इंस्टा की स्क्रॉलिंग में,
हमने जैसे-तैसे साँसें बचाई हैं।

मिला एक अजनबी कुछ ऐसे हमें,
कि अब हमारी जान पर बन आई है...
जैसे-तैसे साथ हुआ एक-दूजे का,
अब शादी की बात आगे बढ़ाई है।

कैसे होगा, क्या होगा?
लोग तो बातें बनाएंगे ही...
वैसे तो सुनने की आदत नहीं हमें,
पर तेरे लिए सब सह जाएँगे...

ज़माने से लड़ने का दम तो नहीं रखते,
पर तेरे साथ के लिए दुनिया से भीड़ जाएंगे...
धीरे-धीरे बचपन बीता अपना,
अब जवानी सर पर चढ़ आई है।

4. गाँव की मिट्टी

शहर की इस भीड़ में, वो सुकून कहाँ पाया था,
जब बंद आँखों ने फिर से, उस गाँव को बुलाया था।

हाथ में चाय की प्याली थी, पर महक मिट्टी की आ
रही थी,
वो पुरानी पगडंडी जैसे, फिर से मुझे बुला रही थी।

याद आया वो नीम का पेड़, और वो ठंडी छाँव,
जहाँ नंगे पाँव दौड़ता था, मेरा पूरा गाँव।

वो लोटा लेकर हर सुबह, मंदिर की ओर जाना,
और छोटी सी बात पर, फिर सबका मुस्कुराना।
आँगन में औरतों की वो हँसी, जैसे कानों में कुछ कहती
थी,
चूड़ियों की वो खनक, घर के कामों में रहती थी।

मर्दों की वो बातें, और अपनों का वो घेरा था,
वही भरा-पूरा परिवार, खुशियों का बसेरा था।

5. पिता: खुशियों का खजाना

सब कुछ किया आपने पापा,
खुशियों का खजाना थे पापा।

हर सवाल का जवाब थे पापा,
जेब से कच्चे, पर प्रेम के पक्के थे पापा।

माना हर व्यक्ति गलत नहीं होता,
पर अपनी गलती में भी कहीं सही थे पापा।

परिवार के लिए बड़े संजीदा थे पापा,
मेरे बच्चों के अनमोल हीरे थे पापा।

जीवन आप में ही समाया था उनका,
आपके बिन बचपन अधूरा है उनका पापा।

ठेस हम पहुँचाते, पर पल भर में मुस्कुरा देते पापा।

कहते थे "मिट्टी का हूँ मैं",
और आज मिट्टी में ही घुल गए हैं पापा।

समर्पण

और

रूह का स्पर्श

6. ज़मानत

तू मुझसे मिलने आए न आए, तेरा फोन ज़रूर आना चाहिए,
उठ कर तू इबादत करे न करे, मुझे तेरा अक्स सबसे पहले चाहिए।

ज़माना देखे तेरी तस्वीरें इंस्टा पर,
पर मेरी आँखों को सबसे पहले तेरा दीदार चाहिए।

यूँ तो चाहत है तू मेरी, तेरे लिए जान भी हाज़िर है मेरी,
पर अगर तूने अपना रुख मोड़ा, तो समझ लेना शामत है तेरी।

ये मोहब्बत जुनून है मेरा, तेरा सब कुछ है अब से मेरा,
पैसे न हैं तो न सही तो कोई बात नहीं,
पर तेरी ज़िंदगी का हर एक पल ज़मानत है मेरी।

7. रूह की छुअन

जब ये उँगलियाँ तुम्हारे बालों को सहलाती हैं,
सच बताना, क्या धड़कनें तुम्हारी भी मेरी तरह मचल जाती हैं?

क्या मेरी ख़ुशबू भी तुम्हें मेरी और खींच लाती है?
दफ़्तर की मसरूफियत में, क्या सांसें तुम्हारी भी कभी थम जाती हैं?

नज़रें तुम्हारी मुझे मोम सा पिघला लाती हैं,
क्या रूह की ये तड़प तुम्हें भी रात भर जगाती है?

छुपाए न छुपे ये खुली आँखों का मंज़र,
क्या सुबह बिस्तर की ये सिलवटें तुम्हें मेरी याद दिलाती हैं?

8. मन की उलझन

यह मन मेरा क्यों इतना भटकता है,
पल-पल में क्यों अपनी सोच बदलता है?

एक चीज़ की चाह में क्यों नहीं रहता,
क्यों सबके सामने मुझे ही अकड़ता है?

जो हमसफ़र है मेरा,
मुझे उसके सामने भी क्यों इतना खुद को साफ़ करना पड़ता है?

वो समझता है मुझे,
फिर भी क्यों उसकी नज़रों से गिरने का डर सा लगता है?

प्यार है हम दो के बीच,
फिर भी क्यों ऐ हमदम?

तेरे बिना यह दुनिया से लड़ने का सोच कर ही,
मेरा दम निकलता है।

9. मौन समर्पण

एक ख्याल बार-बार ही याद दिलाता है,
किस तरह उस रात तुम्हारा साया मुझ पर बिखर जाता है।

साँसों को भी हक न था कि दरमियाँ ज़रा भी आ पातीं,
खामोशियों को भी इजाज़त न थी कि वो जुदा हो जातीं।

मैं ओस की बूँद सी, तुम तपिश से... क्या मजाल कि 'उफ़' भी कह जाती,
हक है तुम्हारा कि हर लम्हा मुझे यूँ ही अपनी बातों से सताते।

महक तुम्हारी मुझे बावरा बना जाती,
देखो, थाम लो हाथ मेरा... यह बेचैनी और है बढ़ाती।

नज़रें झुकी थीं मेरी, पर धड़कन शोर मचाती थी,
तेरी यादों की क़ैद मुझे खुद से दूर कर जाती थी।

लकीरों सी उँगलियाँ जब एहसास को छू कर गुज़रती हैं,
मन्नतें और शिकायतें सब एक साथ उभरती हैं।........

वह एक रात जैसे सदियों का सफर तय कर गई,
तेरी खुशबू मेरे लहू के हर कतरे में उतर गई।

अब दूर होकर भी मैं तुझसे अलग हो नहीं पाती,
तेरी याद आती है तो फिर ये रूह काँप जाती।

अब तो रोम-रोम पुकार रहा– "रिहा कर दो मुझे",
मगर ये डूबी हुई सिसकियाँ, फिर तुम्हीं में खो जाती हैं।

अजीब कशमकश है कि जी भर के तुम्हें चाहूँ,
या उन यादों के साए से भाग कर कहीं छिप जाऊँ।

10. हक़, हमसफर और अहसास

तेरी खामोशी भी मुझे प्यारी है, पर तेरा कुछ ज़्यादा बोलना... कोई गुनाह तो नहीं,
यूँ ही हक से मेरा हाथ थाम लिया कर, यह तेरा अधिकार है... कोई पाप तो नहीं।

माना कि लफ्ज़ कम हैं तेरे पास, पर कभी-कभी जताना भी ज़रूरी है,
रिश्ता हमारा गहरा है बहुत, पर दिल का हाल बताना भी ज़रूरी है।

बस दूर से देख मुझे मुस्कुरा देता है तू, अक्सर अपनी ही धुन में रहता है,
अरे! तेरी अर्धांगिनी हूँ मैं... कोई ग़ैर तो नहीं जो तू कुछ कहने से डरता है।

मेरी चूड़ियों की खनक और पायलों का शोर, सिर्फ तेरे लिए ही तो सजता है,
इस घर की चौखट पर तेरा नाम, मेरी बिंदिया से ज्यादा चमकता है।.....

ये बच्चे जो हमारी गृहस्थी की फसल के नन्हे पौधे हैं,
जिन्हें हम बढ़ते देख रहे हैं,
ये महज़ पानी से नहीं सींचे गए... ये तेरे पसीने और संघर्षों से खिले हैं।

तू धूप में जलकर जो साया लाता है, उसी छाँव में यह परिवार पलता है,
दिखता नहीं है दर्द तेरा किसी को, पर तेरे ही दम पर यह घर चलता है।

मैं नींव हूँ अगर इस घर की, तो तू छत बन कर खड़ा रहना,
हाथ थामे मेरा, तू उम्र भर बस मेरे साथ चलते रहना।

11. एक मीठी धमकी

देखो ना आज फिर निगाहें बाहर की ओर हैं,
साँसों की चाहत तुम्हारी ओर है,

बाल हैं बिखरे से, काजल है फैला सा,
आज तुम लाली मेरी ज़्यादा न बटोरना।

ये जो बिखरी हूँ मैं, इसे मेरा सजना समझना,
मेरी बेताबी में भी अपना अक्स परखना,

दिल है नाज़ुक, तुम इसे बस आम न समझना,
वरना इस आम दिल के भी हकदार बहुत हैं।

मेरी खामोशी को महज़, मेरी आदत न समझना,
इस सादगी को मेरी कमज़ोर फितरत न समझना,

मैं ठहरी हूँ यहाँ तो सिर्फ तुम्हारी खातिर,
वरना इस दिल के चाहने वाले बाज़ार बहुत हैं।

गृहस्थी के रंग

और

माँ का आँचल

12. सफ़र: दोस्त से माँ तक

दोस्त से गर्लफ्रेंड बनी और गर्लफ्रेंड से बीवी,
अब बनी मैं माँ, और अब दूसरी बार माँ बनने की है बारी।

ज़िम्मेदारियाँ हैं माथे पर मेरे,
पर फिर भी है चेहरे पर एक मुस्कान सी छाई।

थक जाती हूँ मैं, कभी टूट भी जाती हूँ,
पर बच्चों की किलकारियों में खुद को फिर पाती हूँ।

ये त्याग नहीं, ये तो मेरा नया जन्म है,
हर दर्द को सहकर, मैं ममता का साया बन जाती हूँ।

क्या समझे यह जमाना जनाब ?
यह मेरी खुशियों की है कमाई,
प्यार की सीमा कहाँ है किसी से नपने वाली।

13. उपहार

दोबारा देखो, तुम्हारे अंश से मेरी कोख भर आई है,
तुम्हारे प्यार की निशानी, दोबारा दुनिया को दिखलाई है।

उन आहटों और सिसकियों ने, अब एक चेहरा पाया है,
आहट से तुम्हारी, मेरे बदन ने फिर वही एहसास पाया है।

उस पल का इनाम, भगवान ने मुझे तुम्हारा अंश देकर बताया है।

मैं चलूँगी फिर से उन राहों पर, जहाँ खुशियों का पहरा होगा,
इस बार हमारे बीच का रिश्ता, पहले से भी गहरा होगा।

तेरी दी हुई इस दौलत को, मैं पलकों पर सजाऊंगी,
एक बार फिर मैं तेरे अंश को, दुनिया से मिलवाऊंगी।

14. मेरी नन्ही बेटियाँ

है बेटियाँ मेरी नाज़ुक अभी, पर मैं माँ हूँ उनकी,
पता है मुझे वो बढ़ रही हैं, भले धीरे ही सही।

सपने उनके अब मैं समझने लगी हूँ,
दुनिया की चमक झूठी है, सादगी ही असली–यह उन्हें सिखाने लगी हूँ।

प्यार के पंछी अब नहीं उड़ते, अब तो शिकारियों का ज़माना है,
इन शिकारी नज़रों से तुम्हें खुद को बचाना है।

मन शांत रखना हरदम और अपनों की बात सुनना,
पर खुले आसमान में तुम बस अपनी उड़ान बुनना।

खाली पन्ने तो बहुत मिलेंगे जीवन में तुमको,
पर हर किसी की कलम बन, खुद को खर्च न करना।......

तुम खुद से सबसे पहले प्यार करना,
खूब संभल कर चलना, ऊँची चट्टानें हैं राहों में,
कदम ज़रा बचाकर, पर दृढ़ निश्चय के साथ रखना।

सम्मान हो तुम मेरा, खुद को कभी छोटा न समझना,
बस गर्व करना इस बात पर, कि तुम मेरी बेटी हो।

तुम बस उड़ती रहना, सदा बस उड़ती रहना,
ना किसी से डरना, ना कभी पीछे मुड़ना।

15. थक हार के

न समझ मुझे है समझ रही, न समझ की ज़द में मैं कहीं,
न वक्त की मुट्ठी में मैं हूँ, न वक्त ही मेरे पास कहीं।

सब बिखरा-बिखरा सा फैला, जाने सुकून की राह कहाँ?
बस टूटे न उम्मीदें सबकी, मुस्कान बिछाई चेहरे पर यहाँ।

एक अनसुलझी सी गुत्थी है, ये जीवन कैसा जाल हुआ?
जो सुलझा सकते थे इसको, उनका ही अब अकाल हुआ।

ये सपने, अपने, तीज-त्योहार, बस कशमकश की राहें हैं,
इन्हीं को बुनते-बुनते अब, थकने लगीं ये बाहें हैं।

दिन ढलते ही वो पुरानी सी, अब सुबह नज़र नहीं आती,
थक हार के सो गई है रूह, पर नींद कहीं नहीं आती।

डूब चली है कश्ती मेरी, इन फर्ज़ों के गहरे पानी में,
सब खत्म हुआ, पर ये ज़िम्मेदारी... खत्म नहीं होती कहानी में।

16. मेरी रोज़ की 'सोम वारी'

सूरज दादा अभी जागे भी नहीं, कि मेरी रसोई सज गई,
चाय की पत्ती और चीनी की, आपस में खटपट मच गई।

बच्चों का 'मम्मी-मम्मी' का रेडियो सुबह से चालू है,
टिफिन में क्या है? – बस गोभी, भिंडी या आलू है।

झाड़ू-पोछा और डस्टिंग से मेरा जन्मों का नाता है,
पर इस घर के कोने-कोने में, मेरा ही पसीना नज़र आता है।

दोपहर की थकान में जब आँखें थोड़ी झपकती हैं,
तभी वाशिंग मशीन की बीप, कानों में आ खटकती है।

खाया तो खाया, वरना किचन ही मेरा रैन-बसेरा है,
इस बर्तन और चूल्हे के खेल में, बस मेरा ही डेरा है।

सब सो गए खर्राटे मार के, जैसे कोई कुंभकरण का मेला है,
पर इस थकान के बाज़ार में, मेरा ही शरीर अब अकेला है!

सोचा था ज़रा तशरीफ़ टिकाऊँगी, तो रात की ड्यूटी आ गई,
आराम की वो मीठी नींद, फिर से काम की थाली खा गई।

मैंने भी कह दिया अपनी किस्मत से– "तू भी क्या खिलाड़ी है,"
सबका संडे होता होगा, यहाँ तो रोज़ ही 'सोमवारी' है!

17. पत्थर में मोम

कौन कहता है आदमी मरने पर मरता है,
उम्मीद टूट जाने पर वह बहुत बुरा बिखरता है।

मजबूत वह कितना ही बन ले,
पर अपनों के रूठने पर वह पूरी तरह पिघलता है।

चूर-चूर होता है, पर हिम्मत दिखाता रहता है,
पैसों का पता नहीं, पर वह प्यार हर पल लुटाता है।

सीधा-साधा होता है मर्द, बस उसे थोड़ा वक़्त देना पड़ता है,
इन्हें लाड करना ही नहीं, करवाना भी अच्छा लगता है।

मगर ये कहेंगे नहीं, क्योंकि इनके उसूलों के खिलाफ यह रास्ता पड़ता है,
ये मर्द हैं जनाब! इन्हें समझाना नहीं, समझना पड़ता है।

18. मेरी सखी, मेरी बहन

हक दे दिए बिन सोचे,
ये क्या विधाता ने खेल दिखाया है।
छोटी बहन है तू मेरी, और तूने ही सच्ची बहन का ताज पाया है,
छोटी है कहने को, पर तूने ही हर कदम पर मुझे सजाया है।

यहाँ आने में समय लगा है बड़ा,
कभी हमारे बीच कड़ी धूप थी, तो कभी ठंडी छाया।
ये रिश्ता भी वक्त की आग में बहुत तपाया है,
इतना तपा, तभी तो कंचन बन आज चमकाया है।

बिन सोचे कह दो कुछ भी, एक-दूसरे को आज़माना कैसा?
ऐसे बेबाक रिश्ते आजकल भला टिकते हैं कितना?
तू नहीं लगती पराई, हाँ भाव जताना मुझे आता नहीं,
पर सोचा आज शब्दों में लिख देती हूँ बस इतना।

तू खून के रिश्ते से बढ़कर, रूह की सहेली बन गई,
अनजानी सी राहों में, तू मेरी हिम्मत की पहली किरण बन गई।

चाहे ननद हो, ममेरी बहन या सगी हमराज़ मेरी,
मेरी हर उलझन को सुलझाने की, तू ही एक जादुई गली
बन गई।

सदा महकती रहे तू, जैसे गुलशन में कोई फूल खिला
हो,
खुशकिस्मत हूँ मैं, जो मुझे तुझ जैसा प्यारा रिश्ता
मिला है।

स्त्री का संघर्ष

और

अंतर्मन की खोज

19. अधूरी गृहस्थी का बोझ

थक गई हूँ समंदर की इन लहरों को सहते-सहते,
अब मन करता है बह जाऊं, सब छोड़कर चलते-चलते।

मकान को घर बनाया, हर कोने को संवारा मैंने,
पर इस घर की खामोशी में, खुद को ही हारा मैंने।

तुम कहते हो प्यार है, पर वो प्यार दिखता क्यों नहीं?
मेरा हाल तुम्हारी व्यस्तता के पन्नों पर, कहीं लिखता क्यों नहीं?

बच्चे, जिम्मेदारी, रस्में... सब निभा रही हूँ मैं,
पर एक खालीपन है अंदर, जिसे छिपा रही हूँ मैं।

माना कि तुम घर खर्चते हो, साया भी गहरा है तुम्हारा,
पर धूप मुझ तक भी पहुँचती है, कहाँ है सहारा तुम्हारा?

तुम पास होकर भी जब बात नहीं करते,
मेरे मन के तूफानों का, तुम एहसास नहीं करते।........

तिल-तिल कर घुट रही हूँ, पर तुमको खबर तक नहीं,
मेरे वजूद की अब तुम्हारी नजर में कोई कद्र नहीं।

शायद घुट-घुट कर दम तोड़ रहा है, अब प्यार अपना,
जो तुमको दिखता नहीं, वही मार रहा है अब प्यार अपना।

जी चाहता है पंख फैलाकर कहीं दूर उड़ जाऊं,
जहाँ न कोई उम्मीद हो, न मैं पीछे मुड़कर देख पाऊ।

क्योंकि जहाँ संवाद मर जाए, वहां सिर्फ सांसें चलती हैं,
और ऐसी खामोश मोहब्बत में, औरतें अंदर ही अंदर जलती हैं।

20. वो अब बदल गया

अब मेरी कोई कीमत नहीं रही उसके दरबार में,
चाहे मैं तपूँ बुखार में या डूबी रहूँ मलाल में,

वो मस्त रहता है अपनी ही दुनिया के शोर में,
अब मैं नहीं रही उसकी जिंदगी के किसी छोर में।

बदलते-बदलते वो इस कदर बदल गया है,
कि गलती उसकी हो, पर लहज़ा उसका ही कड़वाया है,

अब कसूर चाहे मेरा हो या उसका, क्या फर्क पड़ता है?
नाराज़गी का चोला अब उसे ही चढ़ता है।

किस हक़ से करूँ गुस्सा, अब वो मुकाम न रहा,
मेरा प्यार जताना भी, अब उसे गवारा न रहा।,

सब छोड़ बैठी हूँ जिसके भरोसे अब तक,
उसे अब मेरी बेबसी का बस तमाशा है दिखता...

मैंने खो दिया वो इंसान जो मुझे खोने से डरता था,
मैं कितनी भी खफा होऊँ, वो मिन्नतें हज़ार करता था,

उसे डर था कि कहीं मेरा हाथ छूट न जाए,
वो झुक जाता था ताकि ये रिश्ता टूट न जाए।

मगर अब उसे मेरे खोने का कोई गम नहीं,
शायद अब उसकी दुनिया में 'हम', 'हम' नहीं।

21. एक खामोश संघर्ष

वो बिखरी है अंदर से, न जाने कितनी जली है,
अपने हैं हम उसके, पर फिर भी वो कुछ कहने से ज़रा डरी है।

दुनिया उजड़ चुकी है उसकी, ये सच सब जानते हैं,
पर फिर भी मुस्कुराते हुए, हर एक के सामने वो झुक कर खड़ी है।

मैं समझती हूँ सब उसे देख कर, पर मैं भी कहाँ उससे इतनी सटी हूँ,
उसके हौसलों के आगे मैं तो धूल तक नहीं, भले ही मैं उसकी बेटी खड़ी हूँ।

दुनिया उजड़ चुकी है उसकी, फिर भी सबकी खातिर वो लड़ रही है,
अपने दुख को छुपाकर, वो आज भी मुस्कुराहट से घर भर रही है।

22. गलती

बंजर सी हो चुकी हूँ,

न जाने कितनी बार मैं रो चुकी हूँ,

लड़ना भी अब छोड़ दिया,

कितनों की नज़रों में खटकती हूँ,

गलती है री गलती, मुझसे ही तो हुई है,

साफ़ है ज़माना बड़ा, एक मैं ही तो अलग झलकी हूँ,

प्यार का रंग चखा था, पर चढ़ नहीं पाया, बस यही
मेरी गलती है,

गलती है री गलती, मुझसे ही तो हुई है।

23. एक सच

पल भर की ही तो बात है, कोई आज खास तो कल
बेकार है,

आज की नहीं ये आगे की बात है, पुरानी तो गई... ये
आज की रफ़्तार है।

तुमने किया तो फर्ज था तुम्हारा, पर वो कोई कर्ज नहीं
है,
भाग रही ये दुनिया सारी, रुकने वाले का यहाँ कोई मर्ज
नहीं है।

नज़रों को संभालो अपनी, क्या ये भी कोई बात है?
दिखता है तो देखते हैं सब, पर प्यार तो सिर्फ तुम्हारे
साथ है...

रिश्तों का अब पता नहीं, पर जहाँ पैसा है वहीं जाना है,
फोन में कैद हुई खूबसूरती, दुनिया तो बस एक धुंधला
फ़साना है।

समय-समय की बात है ये, कल का क्या सोचोगे?
ज़िंदगी बस यूँ ही गुजर रही,

अब और क्या खास खोजोगे?

24. दिखावे की रीत

अरे देखो ना, यह कैसी अजीब रीत चली आई है,
अपनों से दूरी, और गैरों से खुशियाँ लोगों ने पाई हैं।

बचपन भूले, नाते भूले, यादें पुरानी अब आती नहीं,
दिखावे की महफिल तो सज गई, पर रूह को भाती नहीं।

मनवार कर-कर के तुमने अपनी दुनिया सजाई है,
मगर अकेलपन को छुपाने, चेहरे पर झूठी मुस्कान आई है।

बातें बना-बना कर देखो, तुमने खुद की नज़रें झुकाई हैं,
झूठ की ऊँची दीवारों में, अपनी ही खुशियाँ दफ़नाई हैं।

भूले न तुम हो, भूले न हम हैं, कैसा ये खेल दिखाया है,
दिखावे के इस शोर-शराबे में, सब कुछ ही तो गँवाया है।

तभी तो भीड़ में होकर भी, तुमने सिर्फ तनहाई पाई है,
और हमने अकेले रहकर भी, अपनी दुनिया महकाई है।

25. थकी हुई आस

थकी हुई सी वो आस है, क्या कोई मेरे पास है,
गुमी सी खोई सी कोई तो बात है, दिल खुश या उदास
है।

ये चाँद भी दमक रहा है इतना, क्या इसका भी कोई
राज़ है,
गुमसुम सी मुस्कान है, नज़रें बिलकुल पाक हैं।

दिल खाली और दिमाग उलझनों में हताश है,
अभी ही की तो बात है, अब उम्मीदों के टूटने की
तलाश है।

भटक रही है ज़िंदगी सबकी, पर यहाँ देखो ज़रा कोई
कितना लाचार है,
नसीब की ये कैसी मार है, हर मोड़ पर सिर्फ इंतज़ार
है...

चुपचाप खड़े हैं किनारे पर, लहरों का शोर भी अब बेकार है,
अंदर एक गहरा सन्नाटा है, और बाहर दुनिया का बाज़ार है।

थक गया हूँ खुद को समझाते-समझाते,
कि जो खो गया, वो बस एक सपना और एक हार है।

नई उड़ान

और

खुद की पहचान

26. बेबाक और बिंदास

अब न खुद को बदलना है, न सब कुछ सँवारना है,
बिखरी सी हो जैसी, बस वैसे ही अब चलना है।

न कहीं थमना है, न रुकना है, न व्यर्थ ही उड़ना है,
अपनी ही सहज लहर में, बस आगे को मुड़ना है।

शीशा भी अब भूल जाओ, बस दिल की तुम सुनती जाओ,
गुनगुनाओ कोई राग प्यारा, और खिलखिला कर मुस्कुराओ।

न नज़रें अब चुराओ तुम, न खुद को कहीं छिपाओ,
बेबाक, बिंदास होकर, बस अपनी राह बनाती जाओ।

जीतती जाओ हर बाज़ी, न मन में कोई हार हो,
हर पल उठो, मुस्कुराओ, खुशियों की बौछार हो।

जैसे नदी का वेग बढ़े, वैसे ही तुम बहती जाओ,
पानी की तरह निर्मल, बस अनंत की ओर बहती जाओ।

27. स्वयं की पहचान

वो गलत नहीं, जो खुद की परवाह करती है,
अपनी खुशियों के रंगों से, अपनी दुनिया भरती है।
दुनिया की नज़रों में शायद ये "खुदगर्ज़ी" हो,
पर वो अपनी ज़िन्दगी अपनी ही शर्तों पर जीती है।

जो खुद का सम्मान करे, वही सम्मान पाती है,
अपने बनाए सांचे में, वो खुद को ढालती है।
जब मन का आंगन शांत हो और खुद से प्यार हो,
तभी तो चेहरे पर वो सच्ची मुस्कान आती है।

दूसरों के लिए खुद को खो देना कोई बड़प्पन नहीं,
खुद को ढूँढ लेना ही असली जीवन है।
वो खुश है क्योंकि उसने खुद को अपनाया है,
ज़िन्दगी को जीने का सही तरीका पाया है।

28. खुद से मुलाक़ात

आंखें खुलीं तो अब उजाला सा छाया था,
दिल में सुकून ने दरवाज़ा खटखटाया था।
हाथों ने खुल के उस रोशनी को गले लगाया था,
मानो आज पहली बार मैंने खुद को पाया था।

चाय की प्याली ने होंठों को ज़रा चूमा ही था,
कि मौसम ने अपना जलवा बिखेर दिखाया था।
मासूम सी हवाएं बालों को छूकर जा रही थीं,
हाय! ये मद्धम सी बूंदें कानों में क्या फुसफुसा रही थीं?

बदन में मानो कोई नया एहसास जगा रही हैं,
"तू खास है"... शायद वो तुम्हें यही समझा रही हैं।
बीते कल की हर फिक्र को अब तुम भुला दो,
आज की इस ताज़गी में खुद को तुम घुला दो।

ये ठंडी फुहारें रूह को जैसे भिगो रही हैं,
मन की सारी उलझनें धीरे-धीरे सो रही हैं।
इस पल को जी लो, ये वक्त फिर न आएगा,
तेरा अपना ये मुस्कुराना ही तुझे मंज़िल तक ले जाएगा।

29. चंचल नदियाँ

चकरी सी महकती है वो, किसी तितली की तरह,
खिलखिलाती है वो, पहाड़ी झरने की तरह।

मंद-मंद बस यूँ ही मुस्कुराती है,
बेढंगी चीज़ों में भी, अपना मन बहलाती है।

सुनती है बातें सबकी, चुपचाप खड़ी होकर,
पर काम के बीच, "मैं भी... मैं भी..." बड़बड़ाती है।

वो सुनती नहीं मेरी, क्योंकि वो तो एक नदियाँ है,
किनारों को छोड़, बस अपनी धुन में बहती जाती है।

उसे देख, बस उसे ही देखते हुए,
मैं रूह का अपनी, सुकून पा जाती हूँ।

30. स्त्री

अलग-अलग दुनिया के रंग, इन रंगों में मैं रंगी हूँ,
विभिन्न रूप हैं मेरे... मैं स्त्री हूँ, मैं स्त्री हूँ।

बचपन बीता खेल-खिलौनों और नादानियों में,
जवानी चढ़ी तो बँध गई सपनों की कहानियों में।

प्यार का रंग जब चढ़ा, तो हो गई थी मैं लाल,
अतरंगी-सतरंगी सी महकती थी जैसे हो कोई बाग़ान।

वो यादें, वो बातें... सब कुछ याद आता है,
मगर सच है कि हर रंग कभी न कभी फीका पड़ जाता है।

जरा ज़्यादा मल दो तो गहरा रंग भी उतरता है,
वक्त के साथ हर इंसान अपनी रंगत बदलता है।

ज़िम्मेदारियों का भी एक अपना पल था, अपना रंग था,
निखार खुद में ही लाना था, जब तक हौसला संग था।.........

अब मैं सिर्फ एक बेटी नहीं, मैं एक पूर्ण 'स्त्री' हूँ,
खुद की तलाश में निकली, एक अंतहीन नदी हूँ।

न जाने कितने सपने और अपने बुने थे हमने,
अब उन पुराने रंगों को क्या फिर से संजोएंगे?

जो चढ़े थे कभी गहरे, वो अब थोड़े हल्के भी होंगे,
मगर... रंग चाहे कितना भी हल्का पड़ जाए ऐ हमसफ़र मेरे,
तेरा हाथ थामकर ये रिश्ता हम आख़िरी दम तक निभाएंगे।

साथ जिये हैं इस दुनिया में, साथ ही अलविदा कह जाएंगे।

कलम की अंतिम बात...

"रिश्ते, जिम्मेदारियाँ और वक्त–सब अपनी जगह चलते रहेंगे, पर जो हमारे अंदर रह जाता है, वो हैं सिर्फ 'अहसास'। उम्मीद है कि इस किताब का कोई न कोई पन्ना आपके दिल के किसी कोने को छू सका होगा। याद रखिये, आप जो भी हैं, जैसे भी हैं–बेमिसाल हैं।"

www.ingramcontent.com/pod-product-compliance
Lightning Source LLC
LaVergne TN
LVHW090334210926
848480LV00004B/1411